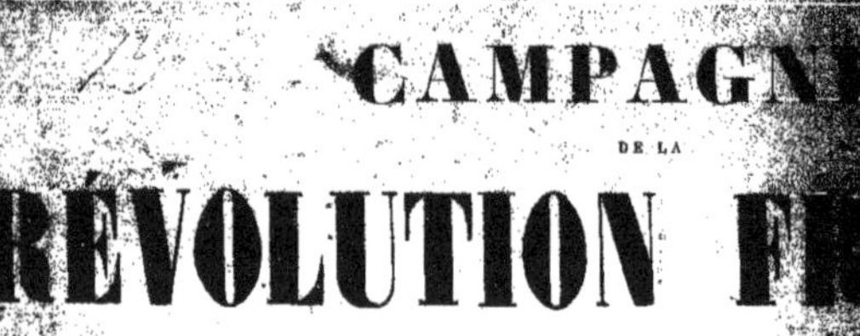

CAMPAGN[illegible]

DE LA

RÉVOLUTION FR[illegible]

DANS LES PYRÉNÉES OR[illegible]

ET

DESCRIPTION TOPOGRAPHIQUE DE CETTE MOITIÉ DE LA CHAÎNE [illegible]

PAR

J. NAPOLÉON FERVEL,

Chef de bataillon du Génie.

ATLAS DE 15 PLA[illegible]

PARIS,

LIBRAIRIE MILITAIRE DE J. DUMAINE, LIBRAIRE-[illegible]

Rue et Passage Dauphine, [illegible]

[illegible]

CAMPAGNES

DE LA

RÉVOLUTION FRANÇAISE

DANS LES PYRÉNÉES ORIENTALES

ET

DESCRIPTION TOPOGRAPHIQUE DE CETTE MOITIÉ DE LA CHAINE PYRÉNÉENNE;

PAR

J. NAPOLÉON FERVEL,

Chef de bataillon du Génie.

ATLAS DE 15 PLANCHES

PARIS,

LIBRAIRIE MILITAIRE DE J. DUMAINE, LIBRAIRE-ÉDITEUR DE L'EMPEREUR,

Rue et Passage Dauphine, 30.

1861

NOMENCLATURE DES PLANCHES.

Cet Atlas se compose de vingt Cartes ou Plans renfermés en quinze planches, tous rédigés par l'auteur qui croit devoir faire connaître les sources auxquelles il a puisé.

PLANCHE Ire. — 1° **Carte d'ensemble.** — Le canevas a été emprunté à la Carte de France dressée pour le service du génie militaire et aux cartes espagnoles de Francisco Coëllo (Madrid, 1851). Quelques détails ont été ajoutés ou rectifiés.

— II. — 2° **Pyrénées orientales, de la Garonne à l'Ariége.** — Cette carte a été composée d'après tous les documents publiés jusqu'à ce jour sous les noms de Roussel, Cassini, Voërl, Capitaine, Coëllo, l'état-major, etc.....

— III. — 3° **Pyrénées orientales, de l'Ariége à la Méditerranée.** — Cette carte, qui fait suite à la précédente, a été composée de la même manière.

— IV. — 4° **Combats et Batailles sous Perpignan.** — Le canevas a été pris sur un excellent lever cadastral du département des Pyrénées Orientales, rectifié par les deux cartes déjà publiées de l'état-major. Les détails proviennent d'un atlas manuscrit rédigé en 1795, par ordre de la Convention, pour l'intelligence de la guerre de 1793-1794-1795 dans les Pyrénées Orientales (Dépôt de la guerre).

— V. — 5° **Prise de Villefranche.** — Atlas de la Convention, et, pour la topographie, reconnaissance militaire faite par l'auteur.

6° **Combat de la Perche et d'Olette.** — Mêmes documents.

7° **Bataille de Peyrestortes.** — Lever à vue par l'auteur.

— VI. — 8° **Camp du Boulou en 1793 et Combat sur le Tech.** — Cadastre, Atlas de la Convention, Carte de l'état-major.

PLANCHE VII. — 9° **Bassin de la Côte française.** — Mêmes documents.

— VIII. — 10° **Prise et reprise de Bellegarde.** — Mêmes documents et reconnaissances faites par l'auteur.

11° **Plan partiel des Aspres.** — Extrait de Cassini.

— IX. — 12° **Bassin de la haute Sègre.** — Extrait de trois cartes manuscrites espagnoles, dont une dressée à Puycerda le 21 août 1795, pour servir à l'intelligence de la guerre qui venait de se terminer.

— X. — 13° **Bassin du haut Ter.** — Extrait de Coëllo, rectifié et complété.

— XI. — 14° **Position de Saint-Laurent de la Muga.** — Lever par l'auteur.

— XII. — 15° **Bassin de la Muga et Batailles des lignes de Figuières.** — Pour le canevas, Coëllo ; pour les détails, atlas de la Convention.

16° **Positions du centre.** — Lever par l'auteur.

17° **Plan des abords de Figuières.** — Coëllo.

— XIII. — 18° **Siége de Roses.** — Atlas de la Convention et documents du Dépôt de la guerre.

— XIV. — 19° **Bassin de la Fluvia et lignes de l'Ampurdan.** — Carte manuscrite du Dépôt de la guerre, rectifiée par les cartes de Coëllo et de Voërl.

— XV. — 20° **Bataille de la Fluvia.** — Atlas de la Convention et levers à vue de l'auteur.

Paris. — Imprimerie de COSSE et J. DUMAINE, rue Christine, 2.

LES PYRÉNÉES ORIENTALES.

pour servir à l'intelligence des Campagnes de 1793, 1794, 1795.

Carte d'Ensemble.

Pl. 1

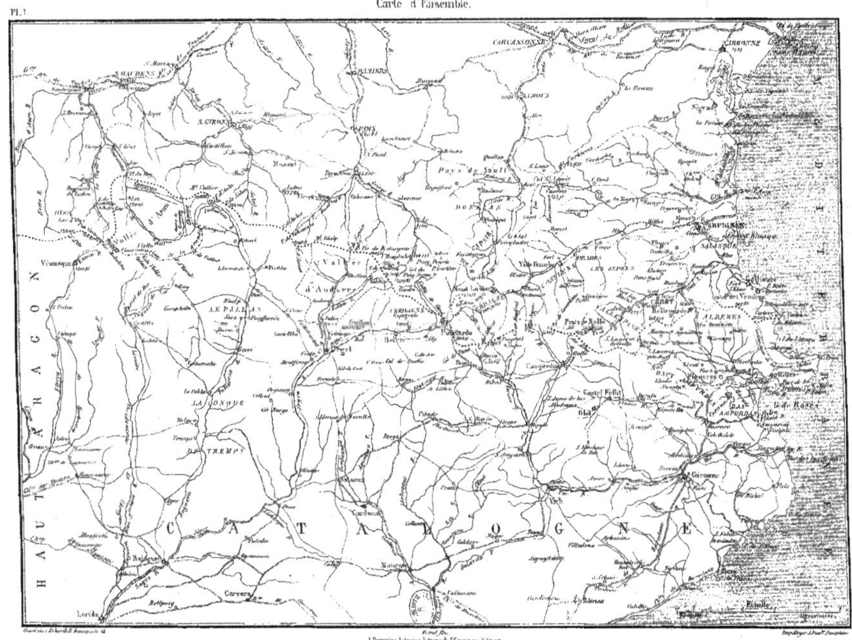

LES PYRÉNÉES ORIENTALES.

(de la Garonne à l'Ariège)

pour servir à l'intelligence des Campagnes de 1793-1794-1795.

Pl. 2.

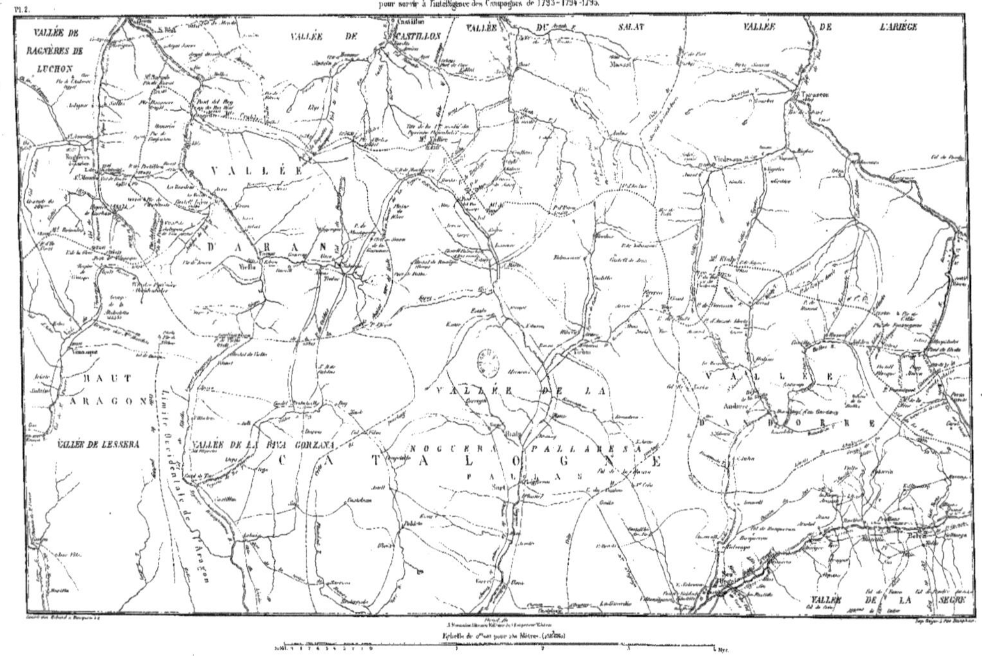

Pl. 3.

LES PYRÉNÉES ORIENTALES.

(de l'Ariège à la Méditerranée.)

pour servir à l'intelligence des Campagnes de 1793 1794 1795

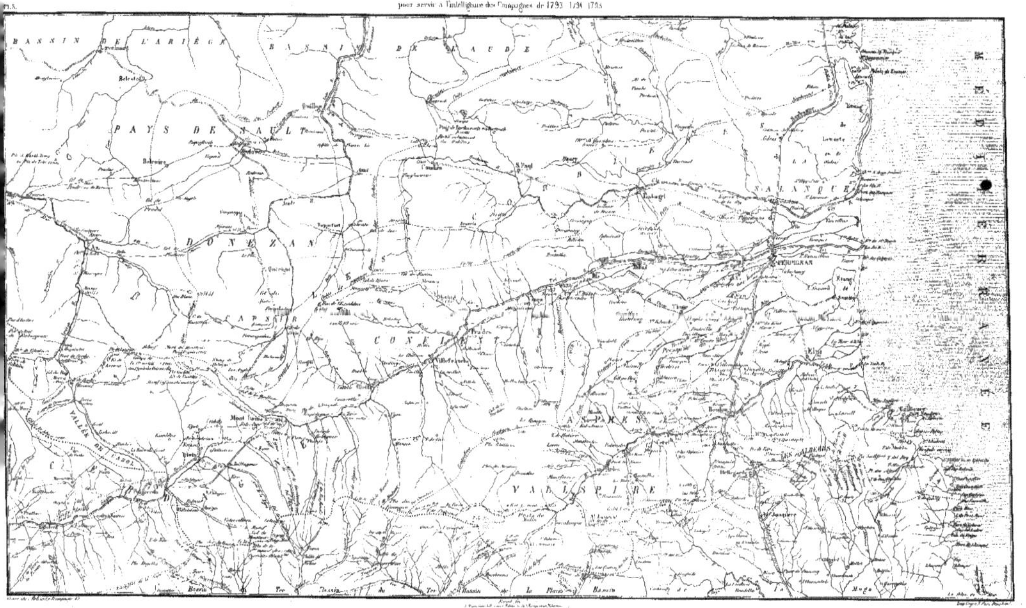

Pl. 4 _ Pyrénées Orientales. Campagnes de 1793.

COMBATS ET BATAILLES SOUS PERPIGNAN.

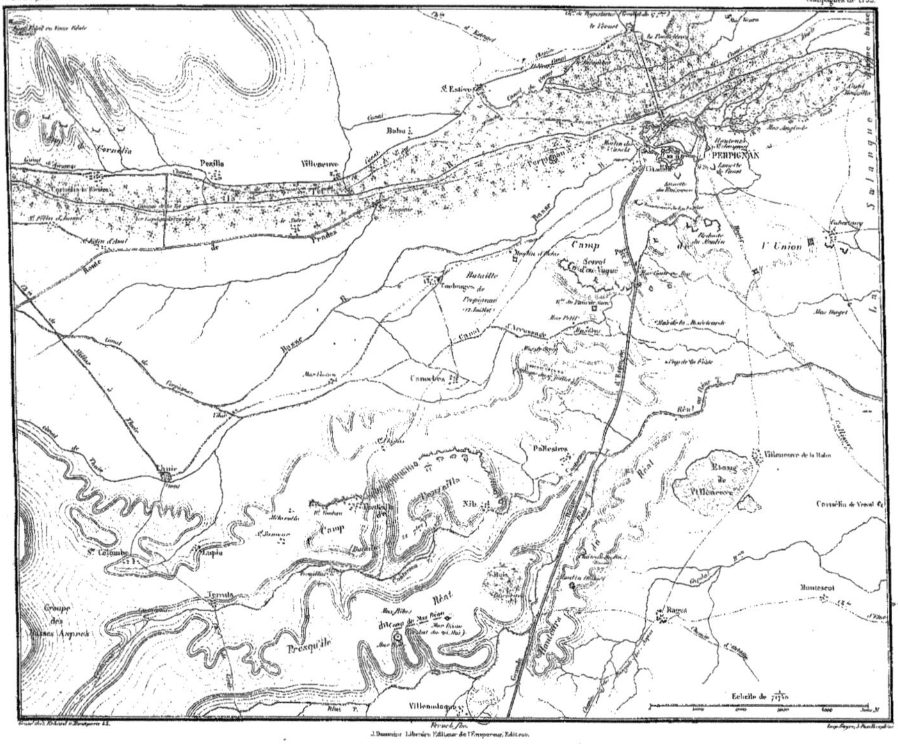

Perpignan
Camp
Bataille de Perpignan (17 Juillet)
Canal
Route
Thuir
Ste Colombe
Terrats
Groupe des Basses Aspres
Presqu'île
Villemolaque
Ponteilla
Nils
Pollestres
Canohès
Toulouges
Villeneuve
Pezilla
St Estève
Baho
l'Union
Réal
Étang de Villeneuve
Villeneuve de la Raho
Corneilla de Vernet
Montescot
Bages
Salanque

Echelle de $\frac{1}{71750}$

J. Dumaine Libraire Éditeur de l'Empereur, Éditeur.

PRISE DE VILLEFRANCHE, COMBATS DE LA PERCHE ET D'OLETTE, BATAILLE DE PEYRESTORTES.

Pl. 5_Pyrénées Orientales.

Campagnes de 1793.

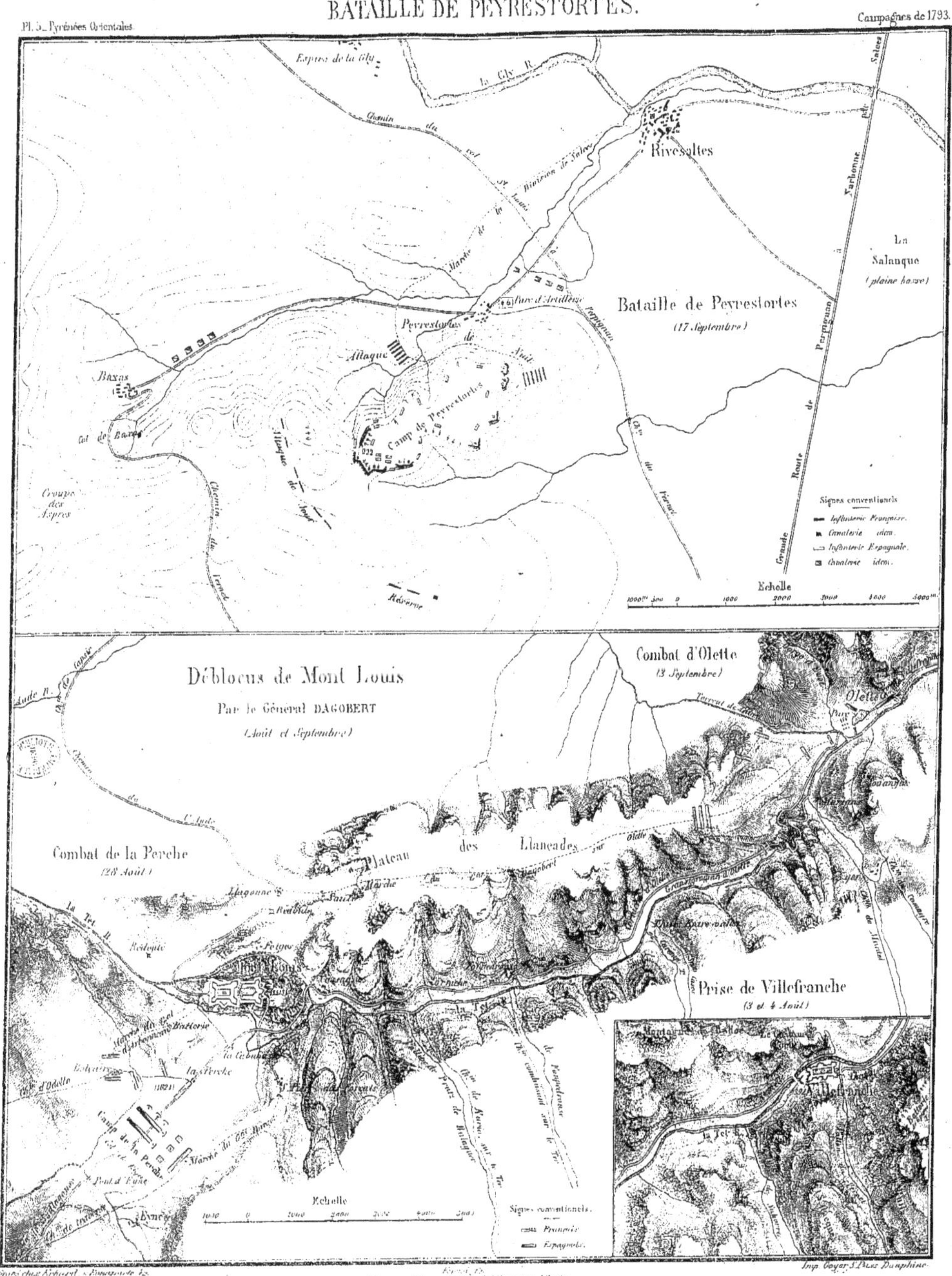

Gravé chez Erhard, r. Bonaparte 42.

J. Dumaine, Libraire-Éditeur de l'Empereur, Libraire

Imp. Geyer, 3 Pass. Dauphine.

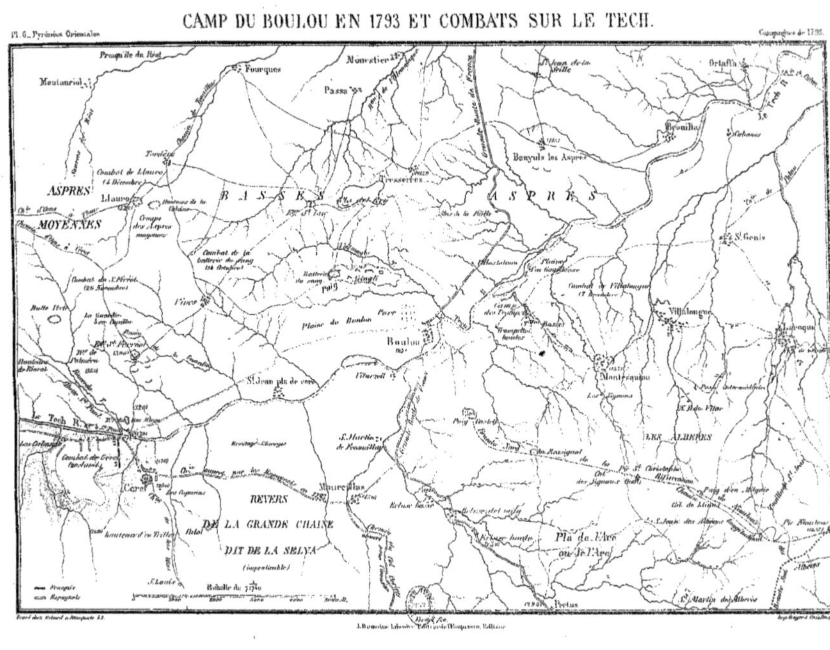

CAMP DU BOULOU EN 1793 ET COMBATS SUR LE TECH.

Pl. 6_ Pyrénées Orientales

Campagnes de 1793.

BASSIN DE LA CÔTE FRANÇAISE.

Prise et reprise de S.t Elme, Port Vendres, Collioure.

Pl. 7 _ Pyrénées Orientales. Campagnes de 1793 et 1794.

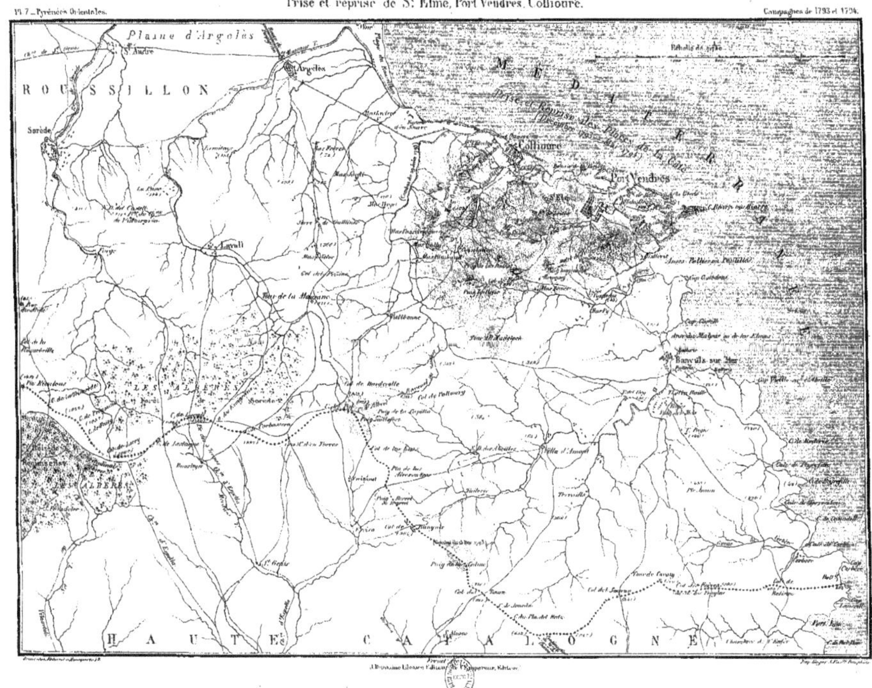

PRISE ET REPRISE DE BELLEGARDE. (1793-1794).

Camp et Bataille du Boulou. (1794).

Pl. 8. Pyrénées Orientales. — Campagnes de 1793 et 1794

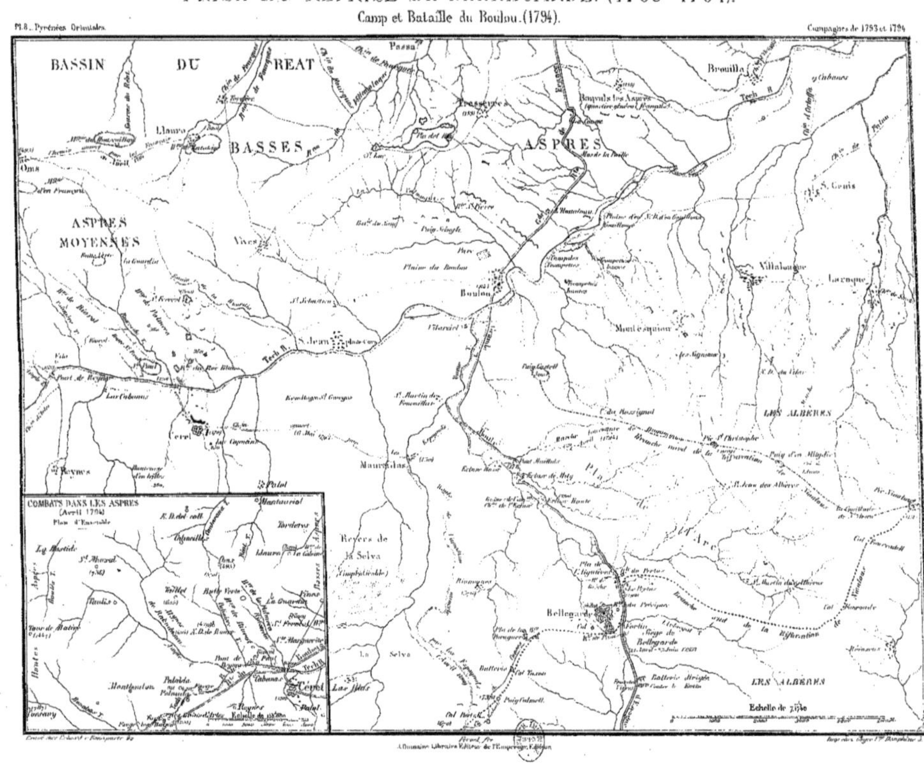

BASSIN DE LA HAUTE SÉGRE.

Expéditions dans les deux Cerdagnes.

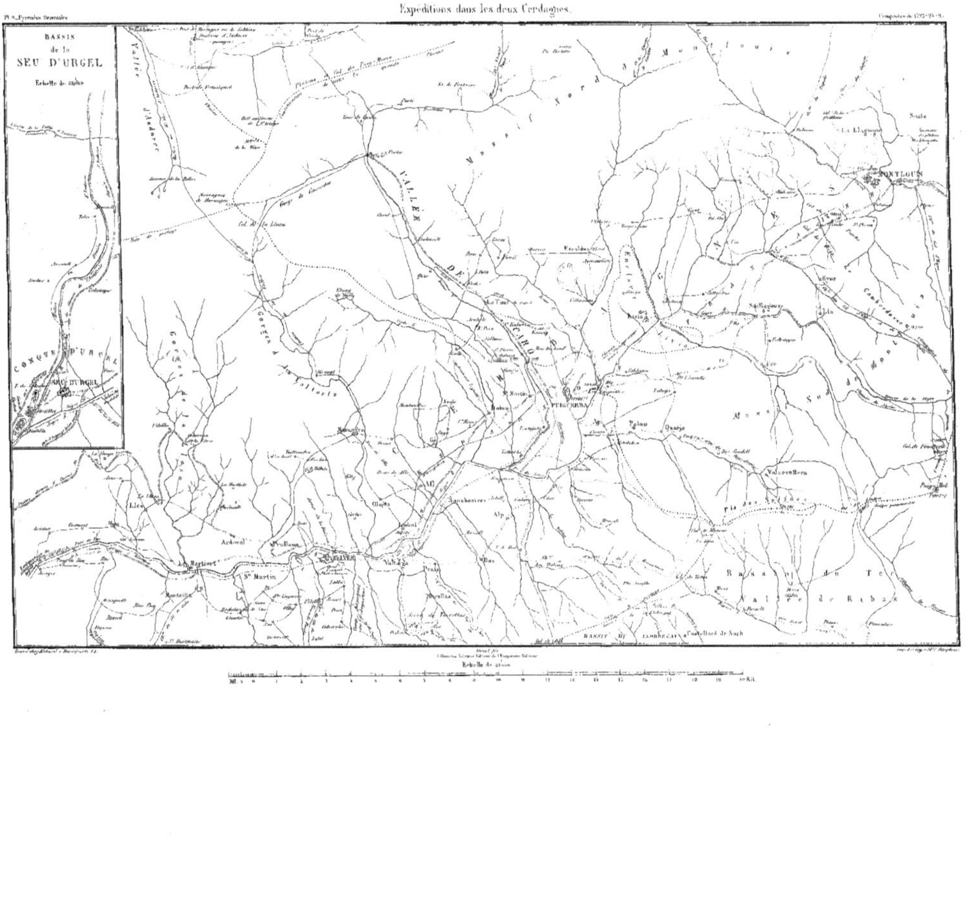

BASSIN
de la
SEU D'URGEL

VALLÉE DE CAROL
PUIGCERDA
MONTLOUIS
La Llagonne
Saillagouse
Palau
Valcebollera
Martinet
Bellver
St Martin
Llivia
Bourg-Madame
Montella
Prullans
Arseguel
Bassin du Ter
Vallée de Ribas
Castellard de Nuch

BASSIN DU HAUT TER

Expéditions de 1793, 1794 et 1795.

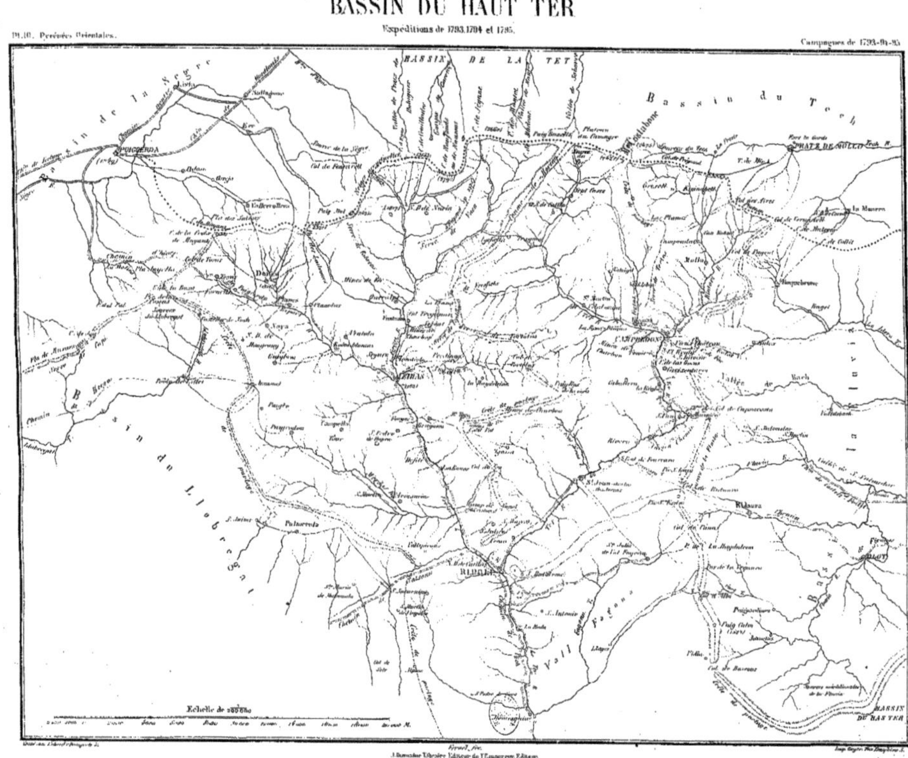

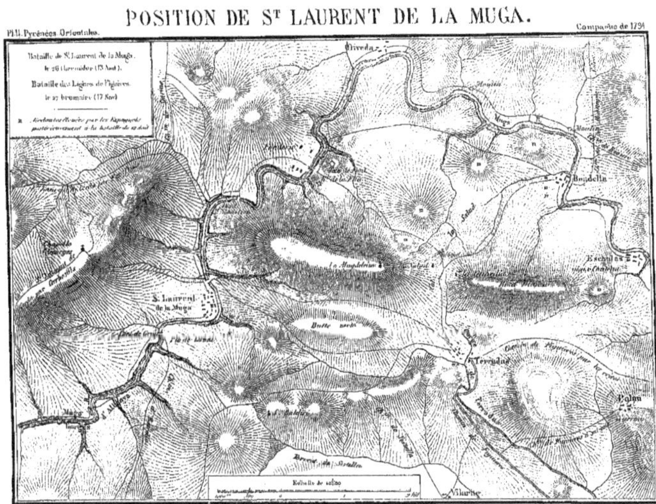
POSITION DE St LAURENT DE LA MUGA.
Pl. II. Pyrénées Orientales.
Campagne de 1794
Bataille de St Laurent de la Muga,
le 26 thermidor (13 Août).
Bataille des Lignes de Figuières,
le 27 brumaire (17 Nov)
Oliveda
Muga
Moulin
Boadella
La Magdelaine
St Laurent
de la Muga
Butte verte
Escaulas
Terrades
Pont de Molins
Vilarthe
Echelle de 1/41,500
Gravé chez Erhard r. Bonaparte 42.
J. Dumaine Libraire Editeur de l'Empereur, Editeur.
Imp. Gayon 5 Place Dauphine

BASSIN DE LA MUGA.

Batailles des lignes de Figuères.

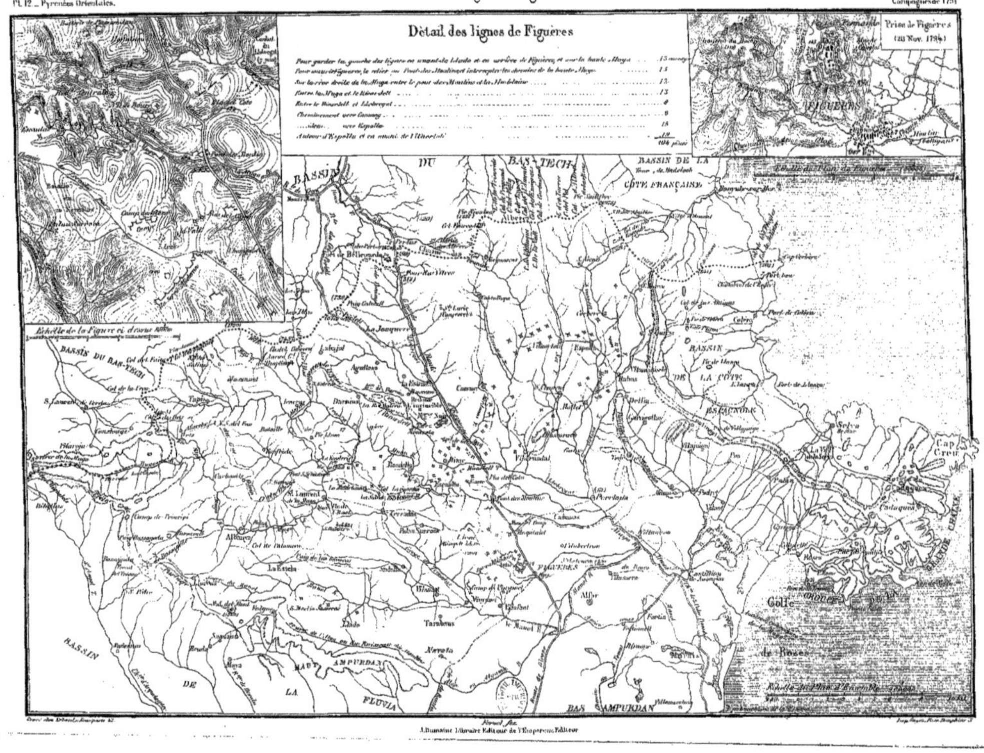

J. Dumaine Libraire Éditeur de l'Empereur, Éditeur

SIÈGE DE ROSES.

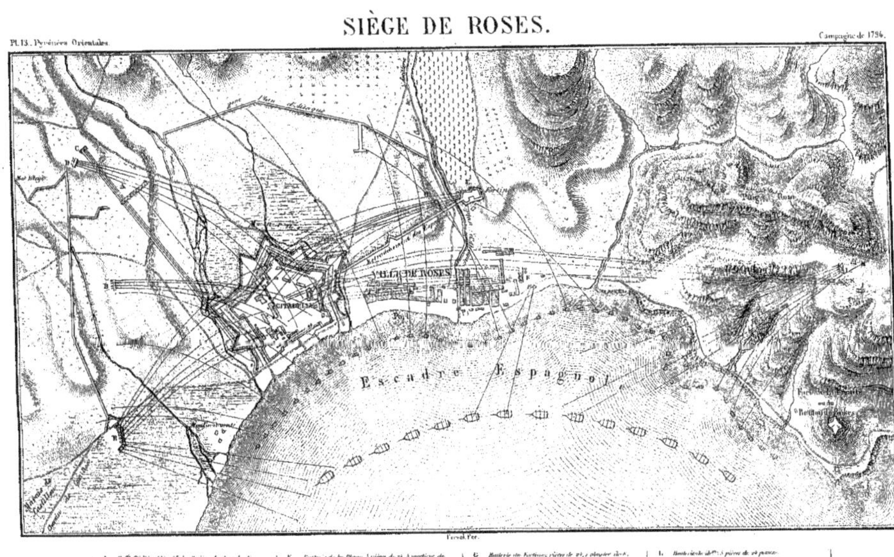

A Gr^de B^ie Républicaine de 18 pièces de 24 ou de 36.
B Batterie de 4 mortiers de 12 pouces.
C Batterie de 4 pièces de 24.
D Batterie de 4 mortiers de 12 pouces.

E Batterie de la Plage, 4 pièces de 24, 4 mortiers de 12 pouces, 2 obusiers de 8 pouces.
F Batterie du Faubourg, [illegible] pièces de 24, 1 mort., 1 obl.
H Batterie de [illegible] 2 mortiers de 12 pouces, 2 de 8.

G Batterie du [illegible] pièces de 24, 1 obusier de 6, 2 mortiers de 12 pouces.
I Batterie de la Montagne, 3 pièces de 24 pouces.
K Batterie de [illegible] 2 pièces de 24, 1 obl. de 8 p. 1 mort.

L Batterie de id. 3 pièces de 24 pouces.
M Batterie de id. 2 mortiers.
Nota: L'escadre Espagnole était forte de 14 Vaisseaux ou Frégates et 35 Chaloupes Canonnières ou Bombardes.

Gravé chez Erhard R. Bonaparte 42.
J. Dumaine, Libraire Éditeur de l'Empereur, Éditeur.
Imp. [illegible] à Paris [illegible]

BASSIN DE LA FLUVIA.

Lignes de l'Ampurdan.

Pl. 14 _ Pyrénées Orientales. Campagnes de 1795.

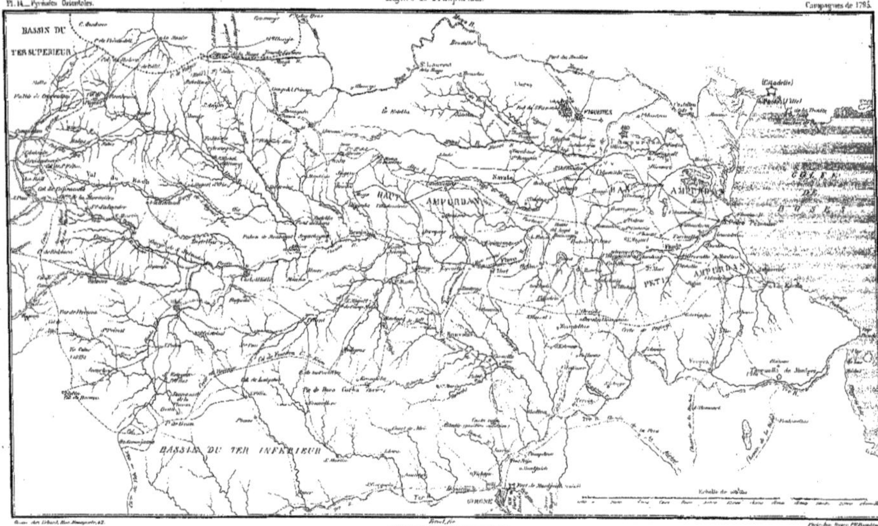

BATAILLE DE LA FLUVIA

Pl. 15_ Pyrénées Orientales. Campagnes de 1793.

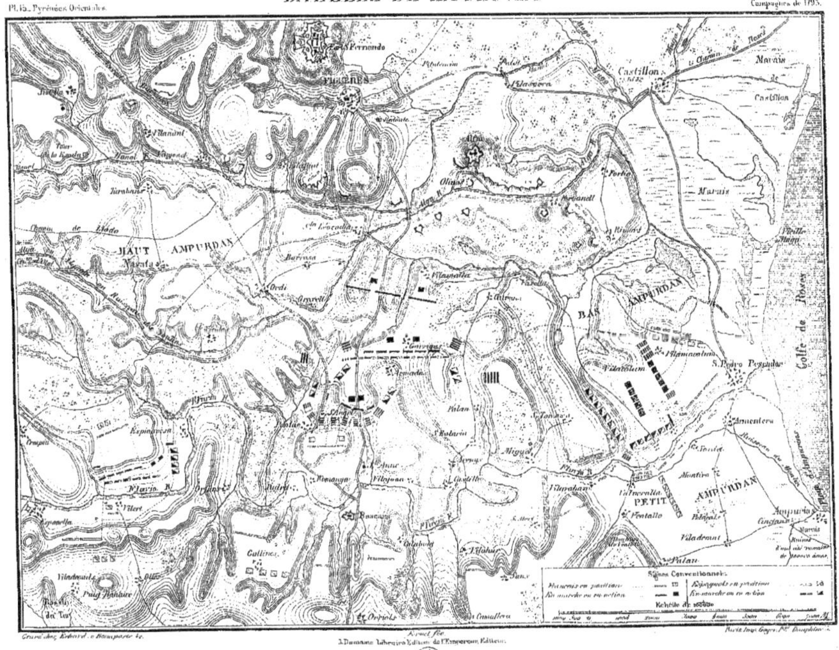

Gravé chez Erhard, 12 Boulevard Montparnasse, 42. Kruel fec. Paris Imp. Gayet, Pl. Dauphine 2.

J. Dumaine Libraire Editeur de l'Empereur, Editeur.

A LA MÊME LIBRAIRIE

ATLAS
HISTORIQUE ET TOPOGRAPHIQUE

DE LA GUERRE D'ORIENT

En 1854, 1855 et 1856,

ENTREPRIS

Par ordre de S. M. l'Empereur **NAPOLÉON III.**

Redigé sur les documents officiels et les renseignements authentiques recueillis par le corps d'état-major,

GRAVÉ ET PUBLIÉ

PAR LES SOINS DU DÉPÔT DE LA GUERRE,

Son Excellence le Maréchal VAILLANT étant Ministre de la guerre.

1858.

Un volume in-folio oblong de 53 planches. — PRIX : 150 francs.

GUERRE D'ORIENT.

SIÉGE DE SÉBASTOPOL

HISTORIQUE DU SERVICE DE L'ARTILLERIE

(1854-1856)

PUBLIÉ

PAR ORDRE DE SON EXCELLENCE LE MINISTRE DE LA GUERRE.

2 forts volumes in-4° brochés, de 1436 pages,

avec un Atlas in-folio oblong, de 151 planches, cartonné avec couverture imprimée, dos en percaline.

Prix : 80 francs.

HISTOIRE
DE L'EXPÉDITION DE RUSSIE
EN 1812,

Par le Général Marquis de **CHAMBRAY**.

3e ÉDITION,

[illegible] vol. in-8°, avec le Portrait de l'auteur, trois vignettes et un Atlas séparé, [illegible] cartes et un plan de Moskou.

Prix : 18 francs.

HISTOIRE
[illegible]
[illegible] DANS LA PÉNINSULE
[illegible] MIDI DE LA FRANCE
[illegible] 1814
[illegible]
[illegible] DUMAS

ANNALES ALGÉRIENNES

Nouvelle édition, revue, corrigée et continuée jusqu'à [illegible]

AVEC UN APPENDICE

Contenant le Résumé de l'Histoire de l'Algérie de 1848 à 1854, et divers Mémoires et Documents.

Par **E. PÉLISSIER DE REYNAUD.**

Paris. — 1854. — 3 volumes in-8°. — Prix : 21 francs.

RELATION HISTORIQUE ET CRITIQUE

DE LA CAMPAGNE D'ITALIE EN 1859

Par **F. LECOMTE**, Capitaine à l'État-major fédéral suisse ;

2e édition. — 2 volumes in-8°,

ACCOMPAGNÉS D'UN ATLAS TOPOGRAPHIQUE ET MILITAIRE

POUR SERVIR A L'INTELLIGENCE DE LA CAMPAGNE D'ITALIE EN 1859,

AVEC LÉGENDES EXPLICATIVES

Par le Capitaine VANDEVELDE, Officier d'ordonnance de S. M. le Roi des Belges.

Prix : 15 francs.

SIÉGE DE SÉBASTOPOL.

JOURNAL DES OPÉRATIONS DU GÉNIE

PUBLIÉ

AVEC L'AUTORISATION DU MINISTRE DE LA GUERRE,

PAR

LE GÉNÉRAL NIEL.

Un volume in-4° avec Atlas in-folio de 15 Planches.

Prix	avec atlas en portefeuille.	**60** fr.
	— monté sur onglet.	**65** fr.
	— en portefeuille. Planches 1, 2 et 8 coloriées.	**70** fr.
	— monté sur onglet. idem.	**75** fr.

SOUVENIRS MILITAIRES
DE LA RÉPUBLIQUE ET DE L'EMPIRE,

Par [illegible]

[illegible]

[illegible]

[illegible] — Prix : 10 francs.

MÉMOIRES
[illegible] EN ESPAGNE

www.ingramcontent.com/pod-product-compliance
Ingram Content Group UK Ltd.
Pitfield, Milton Keynes, MK11 3LW, UK
UKHW012133240726
13965UKWH00005B/2156

9 782012 879812